Pianos
Invisíveis

Adriana Monteiro de Barros

PIANOS INVISÍVEIS
poemas

Prefácio de Alberto Pucheu
Apresentação de Bruno Cattoni

Ibis Libris
Rio de Janeiro
2008

Copyright © 2008 *Adriana Monteiro de Barros*

Editores: *Thereza Christina Rocque da Motta
e João José de Melo Franco*
Fotos: *Nathalie Bernier*
Pré-produção fotográfica: *Bayard Tonelli*

1ª edição em janeiro de 2008.

Barros, Adriana Monteiro de, 1961–
Pianos invisíveis / Adriana Monteiro de Barros. Prefácio de Alberto Pucheu. Apresentação de Bruno Cattoni. Rio de Janeiro: Ibis Libris, 2008.
80 p., 18 cm.

ISBN 978-85-89126-91-5

Impresso no Brasil.
2008

Direitos reservados à autora.

E-mail da autora: adrianamdebarros@uol.com.br

Ibis Libris
Rua Almirante Alexandrino, 2746-A
Santa Teresa
20241-263 Rio de Janeiro – RJ
Tel. (21) 2556-0253

www.ibislibris.com.br
ibislibris@ibislibris.com.br

Associada à LIBRE.
www.libre.org.br

ÍNDICE

Prefácio *de Alberto Pucheu*, 9
Apresentação *de Bruno Cattoni*, 13

NASCIMENTO, 21
OFÍCIO DE ESCRITOR, 22
MAREANDO, 23
FRUTO E SEMENTE, 24
OUTONO, 26
REGRESSO, 27
DESLIZE, 28
AFETO, 29
VERSOS A PÉ, 31
TEMPORAL, 32
NOMES, 33
MEMÓRIAS, 34
DIVERSIDADES, 36
DESATAR, 37
LEMBRAR, 38
RISCOS, 39
ARREBATAMENTO, 41
O CÉU QUE ME COBRE, 42
ENTRE BOLAS DE GUDE E O INFINITO DO CÉU, 43
FLORADA, 44
DEVASSA, 46

GRITOS SILENTES, 47
DO AMOR, 48
ENTRE O DELEITE DA ALMA E A CRUCIFICAÇÃO
DO AMOR, 49
NOVEMBRO À TARDE, 51
ANJOS TÊM ASAS QUEBRADAS, 52
ARRANJO, 53
ÁVIDA, 54
MITOLOGIA ZONA SUL, 56
COLAPSO NERVOSO, 57
ILHA, 58
MENTIR, 59
TUBO DE ENSAIO, 61
MORADA, 62
ETERNO PASSAGEIRO, 63
COSTUME, 64
ENGOLIR, 66
SUSTO, 67
FORMAS, 68
CONTRÁRIOS, 69
REFLUXO, 71
NÉON, 72
VÔO CEGO, 73
APRENDENDO A MORRER, 74

Posfácio *de Thereza Christina Rocque da Motta*, 77

PREFÁCIO

Conheci Adriana Monteiro de Barros há mais de 20 anos, quando éramos, então, muito jovens e grandes amigos. Sempre me chamou atenção a exuberância que, nela, a vida mostrava. A exuberância com a qual, nela, a vida – se – mostrava. De lá para cá, muita coisa mudou, mas, agora, neste *Pianos Invisíveis* (seu livro, mais do que de estréia, de urgência e, ainda, de ultimato), vejo que o mais importante permanece, porque é isto que deve permanecer, como indicam todas as páginas, desde a epígrafe, que nos traz a passagem inesquecível de *Uma Aprendizagem ou O livro dos prazeres*: "Uma das coisas que aprendi é que se deve viver apesar de".

Pianos Invisíveis é uma reunião de poemas que habitam a tensão geradora de uma das maiores aprendizagens, a de viver, simultaneamente, os extremos da vida, a de estar suspenso entre os opostos da vida e de estar pendida entre a vida e seu aparente oposto, a morte, conseguindo extrair, a partir daí, palavras que celebram a intensidade desta suposta contradição, porque o que nem todos querem assumir para si é a certeza de a morte ser inerente à própria constituição da vida. Também por isso, portanto, a poesia: para, através das palavras, traduzir a loucura inerente a tal vivência, guardar a lucidez possível de tal experiência, passando-a adiante em uma poesia que toca, ao mesmo tempo, a força e a fragilidade da vida, sabendo-as indiscerníveis.

Não à toa, muitos poemas do livro se intitulam "Nascimento", "Aprendendo a morrer", "Memórias", "Riscos". E, desde a primeira página, a poeta avisa que nasceu, a fórceps, na véspera do Dia dos Mortos, salientando, também, logo depois, como Maiakovski, que *"morrer não deve ser difícil"*. A facilidade do morrer está no fato, incontrariável, de ele ser o mais comum dos acontecimentos, o acontecimento, por excelência, que, bem como o nascer, nos acomete a todos nós, sem qualquer exceção. Apesar disso, enquanto muitos tratam de passar a vida negando a força de tal ocorrência, a outros é dada a obrigação diária desta lembrança que os fazem saber que *"sou apenas uma lasca do nada"*. Estes acabam trazendo em si a marca de uma diferença, a da estranheza com isto que lhes é íntimo e da intimidade com isto que lhes é estranho – muitas vezes, como é o caso de Adriana Monteiro de Barros, tal perplexidade os torna poetas, artistas, filósofos, pessoas com algo de fundamental a dizer e que merecem ser escutadas.

Se, em *Uma Estadia no Inferno*, lemos a exaltação de Rimbaud ao *mauvais sang* com sua *raça inferior*, que afirma os vícios, os pecados, o anti-social, o anticristianismo, etc., em *Pianos Invisíveis*, no belíssimo e tão corajoso poema "Tubo de ensaio", o sangue maldito perde seu caráter imagético ou metafórico para circular nas próprias veias e artérias:

> *Às vezes, me sinto uma estrangeira*
> *como se minha arma não fosse a palavra.*
> *É que trago em mim uma poção muito*
> *mais letal do que qualquer tapa na cara.*
> *Meu sangue é vermelho, sim,*
> *mas é de um vermelho perverso e maldito.*
> *E meu surto é um susto...*

acostumada que estou aos sobressaltos do corpo.
Não há dor nem arrependimentos,
apenas lembranças e pequenas crianças,
quando me observo como lâmina
a cortar o espelho, onde já me admirei
e hoje não me reconheço.
Estou com prazo de validade vencido,
como vencida está minha tolerância
aos preconceitos e ignorância humanos,
mas quando me defronto com estas tiranias,
sem o peso leve da vaidade,
consigo ultrapassar os limites da carne
e viver além do fim.

Acatando, com vigor e ternura, a vida como ela é, dizendo-lhe 'sim' apesar dos apesares, ou justamente por causa deles, Adriana sabe que *"há, na vida, algo que não se decompõe com o tempo"*, sua própria força criadora. Por isso, o corpo da poeta, feito de tudo o que gera vida, corpo aberto a nascimentos, é o corpo, significante por excelência, *"que se ajusta / e se encaixa com os anos, / em pés que aprenderam a dançar sem chão / e mãos a tocar notas invisíveis num piano invisível."*.

Alberto Pucheu

APRESENTAÇÃO

Adriana é uma diva. Acima do bem e do mal, etérea e diáfana, mas nadando no sofrimento, como quem dá braçadas numa piscina cheia de cascalho. Como anjo decaído, candidata-se permanentemente à assunção. Fraca e pusilânime, rija e impávida, entre a dúvida e a certeza, procura outras tangentes, quando num desfalecimento do ser que tomba em humanidade, se liberta das culpas na lágrima. Sem ninguém para contrariá-la.

Para Adriana, não existem metáforas. Sua objetividade sensível serve ao mundo para o mundo significá-la. Com que finalidade (se tudo nela é tautológico), Adriana faria uma metáfora? Sua vida dá nomes autênticos, singulares, originais à vida. *"O símbolo não é o atalho para uma presença real que lhe preexistiria"*, como ensinou o filósofo existencialista Emmanuel Lévinas.

A vida da diva é uma atitude poética, antes de Adriana forjar o mundo num poema? Não, o seu óbvio é aquela operação pire-originária nas culturas de fazer nascer o mundo da poesia.

Numa atitude mesmo prosaica e rasteira, iluminam-se Adriana e seu conjunto de valores. É nesse caldo anônimo e homogêneo que vamos garfar os diamantes e as pérolas de Adriana, seu corpo arrebentado, cujas partes esquartejadas são inseparáveis, numa homogeneidade ética, inalienáveis da atividade criadora e da transcendência da diva-poeta.

Abrindo as teclas-páginas do piano invisível, engolimos o caldo com o colar de Adriana, ao som de um silêncio sutil. E que belo e nutritivo repasto! Não nos reconforta, não nos totaliza a fome. Deixa-nos faltantes e ainda mais famintos, porém mais fortes, mais silenciosos, mais éticos, de uma ética que antecede o saber. A ética do face a face, da alteridade radical, única saída do ser na barafunda babélica do mundo hipermoderno.

Para Adriana, este é seu primeiro e último (único) livro. Achei paliativo perguntar: "Você vai morrer?", sobretudo, porque considero que a morte não tem a menor importância. A dor física também não, esta que dilacera o moral da diva, nos intervalos da lida com o pequeno Gabriel.

O que importa é a vida e anoitecer *"dentro de pianos invisíveis"*. Já basta eu me emocionar com poemas que pontificam: *"Morrer abrevia instantes"*. Ela nasce morre, vive, se alucina e se recorda neste livro em que Lispector passeia com Rubinstein. Para que mais?

Acho que foi Aristóteles quem disse: *"Eu e minha morte nunca vamos nos encontrar. Quando ela está, eu não estou. Quando eu estou, ela não está"*. Não podemos falar assim da relação de Adriana com a vida, vide "Afeto". Quando a vida está, a diva aparece. Não é engraçado?

PS: Quando estiverem lendo *Pianos Invisíveis*, ouçam Chopin. Com Rubinstein, se possível.

Atenciosamente,

Bruno Cattoni

Aos dois anjos que me fazem sorrir:
Juliana e Gabriel

Uma das coisas que aprendi é que se deve viver apesar de. Apesar de, se deve comer. Apesar de, se deve amar. Apesar de, se deve morrer. Inclusive muitas vezes é o próprio apesar de que nos empurra para frente.

Clarice Lispector,
*Uma aprendizagem ou
O livro dos prazeres*

Pianos Invisíveis

*Eu:
desvio
&
desvario.*

NASCIMENTO

Eram nove horas da noite e um céu de novembro.
Era véspera do Dia dos Mortos.
Era primavera, mas chovia.
Nasci a fórceps, mas nasci.
Eu nasci no Dia de Todos os Santos.
Era dia primeiro de novembro
quando eu nasci.

OFÍCIO DE ESCRITOR

Toda palavra é silêncio.
Toda palavra é alma.
Todo silêncio é palavra.
Toda alma, silêncio.
Todo silêncio é vestido de alma.
Apesar das palavras, minha vida nunca foi silêncio.

MAREANDO
Para João Luiz de Souza

Muito me perdi no mar.
Mesmo o mar é mais previsível e contínuo do que eu.
Eu, não.
Eu transbordo e navego.
Eu me transformo.
Viro enchente e transbordo de desejos pelo mar.
Eu me transformo em enchente de desejos pelo mar.
Eu me afogo e respiro desejos pelo mar.
Mas até o mar é mais previsível e contínuo do que eu.
Nunca represo.
Nunca usina.
Eu navego.
Só represo o que não for movimento.

FRUTO E SEMENTE

Caminho sob pés de maracujá,
enquanto o tempo de plantio espera
o pensar infinito sobre a vida
e sua transparente fragilidade.
Aos poucos, toco sentimentos
em busca de aromas líquidos
no silêncio dos sonhos.
Falar já não é preciso.
Agora preciso de rosas...

Mesmo que a vida em sua permanência
seja um revirar de olhos e ossos,
haverá sempre uma champanhe
para colori-la de espumante.

OUTONO
Para João José de Melo Franco

Caminhos de areia me trazem ventania
chuva pedra sal.
Tudo me aquece
e me tece sol a pino.
Paisagens azuis
em invernos outonais
me caminham com jeito de tempestade.
Madrugada insônia verbo
me entristecem.
Sou dia de nuvens a céu aberto.

REGRESSO
Para Bruno Cattoni

Há, na vida, algo maior que não se decompõe com
 o tempo,
e transpõe a matéria.
Há, no amor, um acontecimento sublime que
 ultrapassa o encontro.
Há, no sonho, um fio de realidade que vai além de
 uma canção
e seu destino.
Há, no homem, a idade plena da esperança,
o gozo supremo de amadurecer como frutos de uma
 existência.
Haverá sempre o eterno juízo, o eterno retorno ao
 espírito
e ao que ele significa.

DESLIZE

Nunca fui das rotinas.
Retina em preto-e-branco.
Me adapto.
Pertenço ao andar.
Vago. É tudo.

AFETO

Para Thereza Christina Rocque da Motta

Meu corpo é feito de afetos.
É feito de tudo que tem existência,
de tudo que gera uma vida.
Em meu corpo, duas sementes germinaram,
dois presentes, duas bênçãos,
dois poemas que jamais sonhei.
Meu corpo é pleno, cheio.
Tudo nele significa.
É um corpo repleto de aberturas e limites.
Um corpo que se ajusta
e se encaixa com os anos
em pés que aprenderam a dançar sem chão
e mãos que tocam notas invisíveis num piano
    invisível.
Nesses dias, anoiteço mais cedo.
Deixo o vento do outono soprar sobre meu rosto
e a lua da manhã me recobrir de estrelas.
Nesses dias anoiteço dentro de pianos invisíveis.

Como posso caminhar tão só, se meus segredos enchem um mundo?

VERSOS A PÉ

Meus versos são descalços,
porque gosto da quietude das palavras.
Há muitas interferências entre pés e chão.
Há muitas interferências dentro.
Há interferências demais.
Gosto do silêncio que cala.
Gosto de palavras simples.
De palavras humanas.
Da palavra filho.
Do sentimento mãe.
Gosto de seres.
Seres e pessoas.
Pessoas, em geral, são poemas.
Poemas explodem, invadem e deságuam em forma
    de palavras.
Meus versos são descalços, porque são as mãos que
    os escrevem.
Meu coração fala pelas mãos.
Meu coração precisa falar.
Minhas mãos precisam de poesia.
Meus pés precisam pisar o chão.
Meus versos descalços versam o mundo
e pisam o chão.

TEMPORAL

Tempestades não são boas conselheiras.
Em geral, deprimem o retrato.
Melhor esperar a cachoeira cumprir seu destino.
Afinal, a poesia aquece o pensamento sob os lençóis.
As borboletas ainda se debatem contra as vidraças
    molhadas
e as orquídeas teimam em colorir a paisagem pelas
    janelas.
Em dias de tempestade, meus olhos chovem.
Choram e chovem todas as lágrimas que agora caem
    lá fora.
Meus olhos ainda insistem em chorar.

NOMES
Para Clauky Saba

Vento não é ventania.
As coisas não têm esse estado de furacão.
As coisas são.
Nós é que damos nomes às coisas
como se elas não existissem por si.
Silêncio...
Silêncio não é coisa
oca, eco, ocre.
Às vezes, movimento-saudade,
sempre movimento-alma.
Nomear estado de sentimento
não garante diploma de entendimento.
É estética contemporânea.
Movimento complementar
dos vazios que nos calam.
Nomes são apenas nomes,
letras arrumadas no horizonte do papel,
mesmo que isso seja o bastante.

MEMÓRIAS

Faz tempo que não sinto o cheiro das palavras nas
    mãos,
letras manchadas de pensamentos,
versos que não consolam,
poema de impossibilidades
carregado de saudades crônicas.
Cansaço.
Meu tempo descortina os fios brancos dos cabelos,
acaricia lembranças de criança
e carrega o dom inexorável de trazer
em instantes um afeto que sumiu
na simples inocência do possível.
Resisto.
Me esquivo por guetos mal iluminados,
sorvo goles de lua,
espreito esquinas onde a morte
parece me engolir
e devoro o sopro do vento.
Meu passado só não é maior
quando o instante é o que tenho
e canto.

Se meus olhos falassem,
eles nada conseguiriam dizer:
apenas olhar.

DIVERSIDADES
Para o pessoal do Ratos Di Versos

Não há vertigem sob o sol.
Não há insanos na Lapa.
São caminhos, bússolas em busca de novos rumos,
estrelas em redemoinhos prestes a explodir,
de onde ninguém escapa.
Deus em outra dimensão, outro tempo
que nos consome com ratos em cativeiro.
Revelam-se, então, no universo, pedaços do homem
e de seu Criador.
Será a nova era que nos prometeram,
ou este o retrato do Velho Mundo?
A evolução do homem e de sua espécie
está em prosseguir e na sua paixão.

DESATAR
Para Gean Queiroz

Não gosto da palavra nó.
Nó é algo que aperta,
que prende linhas,
que não se abre,
que, atado, amarra, ao invés de esparramar.
Lembro que aprendi a dar nó de marinheiro.
Hoje me ocupo em desatá-los.
Desfaço, desato
e desabo em nós.
Mas nó também lembra 'nós',
lembra 'junto'.
Preciso de nós,
como preciso de barco sem rumo,
de leme à deriva,
de árvores ao vento,
de raiz,
de chão.
Eu ainda desato nó,
mas já é um rumo.
Os outros, o mar levou.

(Em cada braço de mar, há um pedaço de nós.
Em cada enseada, um abraço.)

LEMBRAR

Ando lembrando,
mas ainda ando
me dilacerando,
mas ainda amo,
te procurando,
mas ainda...
ando só.

RISCOS

Careço de improviso.
A paisagem lá fora é cinza-mesmice.
Não nasci pra servir.
Não sirvo de alimento.
Me banho em abismos.
Pássaro que alça vôo no escuro.
Me interessa o fascínio do destino.
Corpo que balança carregado pelo vento,
grão de areia do planeta-mar.
Existo.
Não temo farol que não ilumina à noite.
Sou apenas uma lasca do nada,
sem rosto, nem retórica.
Me enxergo em espelhos de lama
e descubro que a beleza é infiel.
O resto sou eu
e riscos.

Algumas pessoas me acham estranha.
Não sou bem eu a estranheza. Ou sou.
Mas é no encontro com o estranho
em que me renovo e renasço.

ARREBATAMENTO
Para Cairo Trindade

Tenho febre de escrever.
Escrevo desde que sinto.
Desde que entendo e não entendo o que sinto.
Falo com palavras e falo com as palavras.
Palavras, eu arrumo.
Sentimento, não.
Sentimentos são.
Sentimentos me desarrumam.
Palavras, não.
Palavra é o meu corpo todo dizendo sim,
mesmo quando não.

O CÉU QUE ME COBRE

A manhã despertou em compasso de espera.
Não sei se eu não dormi ou se a lua levantou mais
 cedo.
Sei que era tarde e não era, como é há tempos.
Um grito vazio abraçava meu corpo.
Meus olhos abertos e empoeirados.
Um medo que não dormia
e um tempo que não era mais tempo.
Tudo era depuração e dor.
E mesmo que não fosse só isso,
mesmo que houvesse risos e flores lá fora,
ou que ainda fosse carnaval,
em mim era tarde. Era muito tarde sobre mim.
Meu coração tem em si um jeito seco
e murcho que se desmancha
em constantes desacertos que me acompanham.
Algumas coisas eu sei de mim.
Preciso tê-las sobre o papel, me lambuzar.
Preciso me deixar lamber pelo gosto delas,
antes que as manhãs tomem formas rígidas
e não derramem pássaros brancos
sobre o branco do lençol.

ENTRE BOLAS DE GUDE E O INFINITO DO CÉU

Para meu filho Gabriel

Dizem que homem não chora,
mas eu já vi homem chorar.
Vi um pequeno homem chorar
e choramos juntos.
Choramos pessoas, coisas e nós
choramos um mundo,
depois brincamos de esconder lágrimas.
Brincamos de esconder rios de lágrimas.
Meu menino tem todas as idades,
tem nos olhos um universo de sentimentos.
Às vezes, escorrem águas.
Em outras, brilham,
mas nos olhos do meu menino,
há, para sempre, o azul imenso
a romper os dias
e a atravessar as manhãs
do infinito céu de janeiro.

FLORADA

Tudo em meu corpo adoece.
Tudo em meu corpo adoece quando choro.
Tudo em meu corpo chora.
Choro em todos os meus cantos.
Choram cantos e todos
choram todos os cantos.
Meus cantos são todos os cantos que choram.
Tenho muitos cantos
e eles choram.
Me alargo em tudo
e tudo me alaga.
Me alaga o rio quando choro.
O rio me alaga e me alarga.
Chora um rio em mim.
Um rio é um canto meu que chora.
Meu avesso é um canto meu que floresce.
Meu avesso é um canto meu que chora e floresce.

Quero florescer como choro que brota
e como rio que alaga quando me deito.

Poesia é um esvaziamento de palavras...

DEVASSA

A vida adora me lamber.
A vida agora adora me lamber.
Me lambe tão completamente
que acho que me tornei
mais melosa ou diabética
com suas lambidas.

A vida é vampira.
A vida adora me chupar.
Me chupa até os ossos.
A vida agora adora me chupar até os ossos.
A vida tem o doce-amargo
das coisas que vão morrer
na mesma velocidade do meu
e do seu coração.

A vida é louca.
A vida não é humana.
A vida tem pressa.

Eu sou louca e tenho muita pressa.

GRITOS SILENTES
Para Alberto Pucheu

Só consigo ser lúcida através das palavras.
A noção do tempo é uma dádiva rara.
O senso crítico vaga em questão de momentos
e o escrever, uma trajetória poética de me conceber.
A transparência líquida do pensamento
se traduz em gotas sobre o reflexo do papel.
Por isso, minha loucura é traduzível.
Carrego um gemido surdo de humanidade.
Carrego silenciosos pensamentos,
onde vozes ecoam e não ouvem.
Procuro por soníferos que transponham
madrugadas
e busquem sentimentos não verbalizados
ou, quem sabe,
um sentido não banalizado de ser.

DO AMOR

O que me nutre, me abastece, me alimenta,
falta em você agora.
Não é sua nem minha esta falha no olhar,
mas os sonhos ficaram distantes,
quase ocultos entre desejos e fotos,
quase perdidos entre a insubstituível
e mensurável realidade dos fatos.

Difícil aceitar a leveza que o dia tem,
a impossibilidade de tudo,
a impotência com o todo
e a pequenez diante de você.

ENTRE O DELEITE DA ALMA
E A CRUCIFICAÇÃO DO AMOR
Que meus dedos aflorem em ti, secretos desejos em mim...

Como aceitar que seus dedos
não irão mais invadir meu corpo,
como se já fizessem parte dele?
Como calar a vontade da sua boca nos meus seios,
pêlos e gosto?
Arde...
Me faz salivar a sede que tenho da sua língua.
Me estrangula a dor do ontem,
pois os sonhos ainda vêm,
além de mim, além de nós, além de tudo
e se vão como os mistérios dessa vida.

Se eu pudesse, morreria te beijando...

Meu avesso é o que há de melhor em mim:
o que há de ruim está à mostra.

NOVEMBRO À TARDE

A tarde estreita a urgência das palavras.
Mesmo que o céu chore sobre nossas cabeças,
a tarde estreita a calma dos pensamentos.
A tarde é veloz.
O tempo é atroz.
O homem velozmente deglute *fast-foods* no cérebro
e ferozmente alimenta *YouTubes* pelo umbigo.
Mas a urgência da tarde cultua o mito do não-ser
e a urgência do ser sufoca a própria tarde.

ANJOS TÊM ASAS QUEBRADAS
Homenagem a Paulo Leminski

Meia-noite e os gatos miam ininterruptamente.
Meia-noite e eu desperta,
som ligado,
livro aberto,
tudo sempre incerto.
Meia-noite e eu cheia.
Noite e meia e eu aqui.
Eu minguante.

ARRANJO

Longe, a melodia arranha uma nota.
Entre os dedos longos, breve pausa.
Música, vozes, distância.
Era assim que ouvia o som de um piano:
    invisível, mas perto bem perto do coração.

ÁVIDA

Corte-me as veias,
beba do meu sangue
e eu te embriagarei de vida.
Só não sugue o sangue dos poetas.
Eles já derramaram sua vida por mim.

Entre a dúvida e a certeza,
procuro outras tangentes.

MITOLOGIA ZONA SUL

Olha aqui, meu Zeus, vou logo avisando:
não gosto do amor-acaso,
desses sem compromisso numa noite qualquer de
 verão.
Gosto do gosto do amor,
gosto do gozo, do desejo, do beijo.
Gosto do amor pra além da vontade,
pra além da saudade,
pra além do depois.
Gosto de tudo aquilo que, por coragem ou
 covardia,
não fiz, nem faço, nem sei se farei.
E, nas madrugadas,
se, pra me traduzir ou me entender,
escrevo,
porque volúpias eu tenho a dois,
ou a sós, ou a seco.
Só não fico no que já foi tempestade
e tempestuosos ataques de paixão.
Então me desconstruo no turbilhão das buzinas
silenciosamente barulhentas do Leblon
e imagino que, se eu fosse Afrodite,
você seria meu Eros
e nós encarnaríamos todos os mitos, deuses e magias
em breves semitons e semitoques.
Me toque.

COLAPSO NERVOSO

Naquele instante, a estrada era breu,
perdi o rumo,
a palavra, o senso.
Num segundo, perdi o chão
e chorei.
De repente, acho que perdi você
e me perdi de mim.

ILHA

Hoje sentada na cama do quarto,
viajo semanas em segundos,
me embalo nos minutos que se eternizam
e transmutam realidades em breves delírios.
Tenho flashes do que deixei lá fora
nas memórias que dormem comigo agora.
Acalanto pela dor da alma os limites do corpo.
Nesse instante, meu mundo é uma divisa,
uma tênue e imensa linha
de quartos
e quatro paredes de dor.

MENTIR

Deliciosamente minto
sobre a delícia
dos meus delitos.

Vou de sapatos velhos à tua despedida.
Já não precisas mais de sapatos,
nem eu de calçá-los.

TUBO DE ENSAIO

Para todos os amigos que já se foram

Às vezes, me sinto uma estrangeira
como se minha arma não fosse a palavra.
É que trago em mim uma poção
muito mais letal do que qualquer tapa na cara.
Meu sangue é vermelho, sim,
mas é de um vermelho perverso e maldito.
E meu surto é um susto...
acostumada que estou aos sobressaltos do corpo.
Não há dor nem arrependimentos,
apenas lembranças e pequenas crianças,
quando me observo como lâmina
a cortar o espelho, onde já me admirei
e hoje não me reconheço.
Estou com prazo de validade vencido,
como vencida está minha tolerância
aos preconceitos e ignorância humanos,
mas quando me defronto com estas tiranias,
sem o peso leve da vaidade,
consigo ultrapassar os limites da carne
e viver além do fim.

*1º lugar no Concurso do Festival de Poesia Carioca,
do grupo Poesia Simplesmente,
Prêmio Lya Luft, 2004*

MORADA

Meus urubus e demônios me visitam todos os dias.
Todos os dias meus urubus e demônios me visitam.
Me visitam os dias todos.
Entram sem bater e se instalam na sala
como se já fossem velhos conhecidos.
E, na verdade, são.
Desde pequena meus urubus e demônios me
      habitam.
Há tempos meus urubus e demônios moram dentro.
Meu medo não é do outro.
Meu medo tem medo de mim.
Eu sou meus urubus e demônios.
Meus urubus e demônios sou eu mesma
e muito prazer.

ETERNO PASSAGEIRO
Para Tanussi Cardoso

Ser é a mais exata essência.
A perfeita criação é ser.
Ser medo, fantasmas, poemas, lutos e véus.
Ser a possibilidade infinita de não ser desértico,
de ser o corte, a lâmina, os estilhaços da vida,
sem ter quebrado,
sem ser opaco.
Essência do que passa e fica no que se eterniza.
Sua outra metade, seus mortos, seus pássaros na
      varanda
é, do universo, a essência divina,
da palavra liberdade, o melhor remédio,
sem pecados, sem pudor, sem torturas.
Ser a essência do navegar em sonhos,
navios, cais e marés.
Na simplicidade do simples
do ir sem porto, sem destino
e fazer das palavras seu universo de poemas.

COSTUME

A gente se acostuma a costurar a vida.
Se acostuma a acomodar o tempo.
Se acostuma a um novo poema.
Se acostuma a reeditar o que foi escrito
e a reescrever o que já foi dito.
A gente se acostuma ao nada da vida.
À falta de tudo.
À ausência do ser.
Ao vazio do humano.
Mudos, a gente se acostuma
a costurar as feridas da vida
e a acomodar as dores do tempo.

DEFLAGRAR POEMAS NO AR
é tudo
ou parte do todo
que ainda não vi.

ENGOLIR

Sei que engulo sentimentos e palavras.
Travo, mergulho, emboto...
Esqueço de distrair o tempo, tão vento, tão nuvem.
Me agarro aos fatos, aos cigarros, às coisas que não
    sei,
às que não são e às que nunca farão sentido.
Engolir sentimentos e palavras é uma forma
    educada de não cuspir,
um jeito discreto de fazer as pedras rolarem,
mesmo que não façam tanto barulho.
Mesmo que sejam tolas...

SUSTO

Meu coração dormia quietinho.
Pensei que não haveria mais tempestades,
mas, de todas as coisas,
é esta a que eu menos sei.
Tempestades de sentimentos me dão medo.
O medo cresce dentro da gente.
Cresce e afunda nosso barco.
Cresce onde os olhos doem e não podem mais ver.
Na gaveta do não-sei, eu guardo uma âncora.
Lançada ao mar, me fixa e me equilibra.
Se tempestades fossem outra calmaria,
se jorrassem do céu e não de mim,
se, ao invés de chuva,
escorressem raios de sol pelos olhos,
eu acreditaria que lágrimas seriam água.
O resto é outra simetria.

FORMAS

Tento descrever os instantes que me perseguem,
a vida que me basta,
mas as letras me faltam.
O que sobra é a incerteza,
que me cala.

CONTRÁRIOS

Que outros amores me levem...
Não sou mais eu que me basto,
não sou eu tão encantada.
Sou um vôo de desejos perdido,
transgredindo a cada tropeço.
Invento histórias que me silenciam,
aplacam dores, mas não me libertam.
Ao contrário, me arremessam contra o perigo
e o êxtase de ser eu mesma.
Nada mais temo, nada mais tento, nada mais tenho
    a perder.
Eu, que não acreditava na violência das paixões,
apostei meus trunfos, blefei com o destino e perdi.
Agora ofereço minha loucura a esse mundo
que silenciou meu corpo e emudeceu minhas
    palavras.
Que ele cuide de mim.

Um horizonte de pássaros me visita
e o tempo parece pescar o vôo no infinito.

REFLUXO

Para Clarice Niskier

Não aprendi a me conter.
Ainda vazo. Infiltro.
Ainda derramo.
Deságuam em mim correntezas.
Mar aberto. Rios sem margens.
Viver é ato contínuo.
Ato reflexo e contínuo.
Forma de eternizar o presente.
E há muitas formas.
Todas elas me cabem.
Todas elas existem.
Umas desfolham. Outras me vestem.
Umas, outono. Outras, inverno.
Certas estações me vertem, sendo água.
Certas pessoas me transpiram, sendo quentes.
Acho que meu fluxo brota em letras.
Depois de escrever, eu jorro para o mundo.

NÉON

Para Tavinho Paes

Não quero mais o amor dos fins de noite de um
      Baixo qualquer,
paixões transcendentais desse lixo emocional,
habitantes sem paralelos, em paralelas,
gente em transe, gente dormente,
num papo sem calma, num papo demente.
Não, não quero mais o amor dos fins de noite de
      um Baixo qualquer.
Vou deixar que os dias me levem pro vão da vida
que eu levo de qualquer jeito cheia de nãos.
Me desfaço em pedaços,
me traduzo literalmente em cacos.
Quem sabe da minha obsessão sou eu.
A cidade me dá claustrofobia,
me engole e eu a vomito.
Não suporto o caminho dito e não feito,
a vida cotidiana e irascível.
Por isso, no início, mato o desejo
e, no fim, mato a personagem em mim.

VÔO CEGO

A cidade é um grito que despenca, ensurdecedor,
até que o vôo entre os humanos seja pura acrobacia
ou o salto dos mortais, simples aerodinâmica.
Eu ainda sou pássaro à procura de ninho.
Nenhuma mudança me basta,
nenhuma rachadura parte as asas.
Sem memória, esquecemos os dias.
Resta o tempo que esgarça.
Ainda que nasça para alguns,
a mim, só passa... Passa...
A razão de ser está no vôo.

APRENDENDO A MORRER
Morrer não é difícil.
Difícil é a vida e seu ofício.
Maiakovski

Morrer não deve ser difícil.
Difícil é saber que não somos deuses.
Somos uma incompletude.
Talvez minhas lágrimas e palavras sejam lavadas
e diluídas com as coisas desse mundo.
Morrer, não. Morrer não deve ser tão difícil.
Aprendo um pouco a cada dia.
Calo com o tempo,
esqueço os pecados
e viro borboleta.
Difícil é o imponderável.
Morrer, não.
Morrer abrevia instantes.

Mesmo o fundo é claro.
Escuro é o lado de fora.

POSFÁCIO

Nascer é difícil. Deixar que o livro tome forma é difícil. Abandonar-se à força de seus poemas e permitir que eles se moldem por si sós é difícil. Acreditar que o destino do livro esteja traçado e que apenas damos à luz o que já "está pronto" é praticamente impossível. Saber que, não importa o que façamos, não acrescentamos nem retiramos nada do que é, mas o construímos incessantemente até que esteja terminado.

Assim foi desde o primeiro poema que Adriana me entregou para ler, "Aprendendo a morrer", onde ela começa com seu bordão à la Maiakovski, "Morrer não deve ser difícil", iniciando ali mesmo o processo de edição, que culminou na publicação deste único (sic) livro de sua vida. Imponderável, pois na deificação de si mesmo não encontramos todas as respostas.

Não somos oniscientes, no entanto, o livro se sabe antes que o saibamos. Incompletude. Lágrimas e palavras justapostas, aprendendo a cada dia. Esquecer os pecados. Perdoar-se. Perdoar. O mais difícil.

Depois morrer fica fácil. Pois difícil é aceitar o desafio de se expor, lágrimas e palavras trazidas às páginas do livro, para se traduzir ou pedir uma tradução: "Leiam-me e digam por si mesmos, se o mais difícil não é viver?"

Thereza Christina Rocque da Motta

*Um corpo que se ajusta
e se encaixa com os anos
em pés que aprenderam a dançar sem chão
e mãos que tocam notas invisíveis num piano invisível.*

Acabou-se de imprimir
em 30 de janeiro de 2008,
na cidade do Rio de Janeiro,
nas oficinas da Gráfica Editora Stamppa
especialmente para Ibis Libris.
O texto foi composto em Adobe Garamond.
O papel usado para o miolo foi
o Pólen Bold 90g/m2
e o da capa, Cartão Supremo 250g/m2.
Edição de 500 exemplares.